SÉNÈQUE
ÉCOLE DU STOÏCISME

DE LA BRIÈVETÉ DE LA VIE

Copyright © 2022 by Culturea
Édition : Culturea 34980 (Hérault)
Impression : BOD - In de Tarpen 42, Norderstedt (Allemagne)
ISBN : 9782382742174
Dépôt légal : Octobre 2022
Tous droits réservés pour tous pays

Présentation

Notre vie est limitée, et le temps nous est précieux. En 49 ap. J-C, Sénèque est de retour d'exil. Par ce traité qu'il adresse à son beau-père Paulinus[561], il insiste sur l'importance de consacrer notre temps à la sagesse plutôt que de le perdre inutilement. Dans cette œuvre comme en d'autres, le philosophe se fait guide de notre conscience.

I.

La plupart des mortels, Paulinus, se plaignent[562] de l'avarice de la nature : elle nous fait naître, disent-ils, pour si peu de temps ! ce qu'elle nous donne d'espace est si vite, si rapidement parcouru ! enfin, sauf de bien rares exceptions, c'est alors qu'on s'apprête à vivre, que la vie nous abandonne. Et sur ce prétendu malheur du genre humain la multitude et le vulgaire ignorant n'ont pas été seuls à gémir : même des hommes célèbres s'en sont affligés et n'ont pu retenir leurs plaintes. De là cette exclamation du prince de la médecine : *La vie est courte, l'art est long*. De là aussi Aristote fait le procès à la nature et lui adresse ce reproche, si peu digne d'un sage, que libérale pour les animaux seulement, elle leur accorde cinq et dix siècles de vie, tandis que l'homme, né pour des choses si grandes et si multipliées, finit bien en deçà d'un si long terme[563].

Non : la nature ne nous donne pas trop peu : c'est nous qui perdons beaucoup trop. Notre existence est assez longue et largement suffisante pour l'achèvement des œuvres les plus vastes, si toutes ses heures étaient bien réparties. Mais quand elle s'est perdue dans les plaisirs ou la nonchalance, quand nul acte louable n'en signale l'emploi, dès lors, au moment suprême et inévitable, cette vie que nous n'avions pas vue marcher, nous la sentons passée sans retour. Encore une fois, l'existence est courte, non telle qu'on nous l'a mesurée, mais telle que nous l'avons faite ; nous ne sommes pas pauvres de jours, mais prodigues. De même qu'une ample et royale fortune, si elle échoit à un mauvais maître, est dissipée en un moment, au lieu qu'un avoir médiocre, livré à un sage économe, s'accroît par l'usage qu'il en fait ; ainsi s'agrandit le champ de la vie par une distribution bien entendue.

II.

Pourquoi nous plaindre de la nature ? Elle s'est montrée généreuse. La vie, pour qui sait l'employer, est assez longue. Mais l'un est possédé par l'insatiable avarice ; l'autre s'applique péniblement à d'inutiles labeurs ; un autre est plongé dans l'ivresse, ou croupit dans l'inaction, ou s'épuise en intrigues toujours à la merci des suffrages d'autrui, ou, poussé par l'aveugle amour du négoce, court dans l'espoir du gain sur toutes les terres, sur toutes les mers. Dévorés de la passion des armes, certains hommes ne rêvent que périls pour l'ennemi, ou tremblent pour eux-mêmes ; ceux-ci, pour faire aux grands une cour sans profit, se consument dans une servitude volontaire. Ceux-là, sans nul relâche, ambitionnent la fortune d'autrui ou maudissent la leur. Le plus grand nombre, sans but déterminé, sont les jouets d'un esprit mobile, irrésolu, mécontent de soi, qui les promène de projets en projets. Quelques-uns ne trouvent rien qui leur plaise et où ils doivent diriger leurs pas : engourdis et baillants, la mort vient les surprendre ; tant cette sentence, échappée comme un oracle de la bouche d'un grand poète[564], est à mon sens incontestable :

De notre vie, hélas ! la plus grande partie
Est celle où nous vivons le moins.

Tout le reste n'est point vie, mais durée[565]. Les vices sont là qui assaillent ces hommes de toute part, qui ne souffrent pas qu'ils se relèvent, qu'ils portent en haut leur regard, pour voir où luit la vérité : ils les tiennent plongés, abîmés dans d'immondes désirs[566]. Jamais loisir de revenir à soi : si parfois le hasard les gratifie d'un peu de calme, comme sur une mer profonde, où les vagues roulent encore après la tempête, leur agitation persiste, les passions ne leur laissent jamais de repos[567].

Je ne parle là, penses-tu, que de gens dont chacun avoue les misères. Vois les heureux autour desquels la foule s'empresse : leur prospérité les suffoque. Que de riches auxquels pèsent leurs richesses ! Que d'hommes dont l'éloquence ardente à s'étaler, à fournir chaque jour sa carrière, arrache le sang de leurs poumons[568] ! Combien sont pâles de leurs continuelles débauches ! Combien immolent complètement leur liberté au peuple de clients qui déborde autour d'eux ! Parcours enfin tous les rangs, des plus humbles aux plus élevés : l'un assigne, l'autre comparaît ; l'un est accusé, l'autre défenseur, un troisième est juge : aucun n'est à soi-même, tous se consument pour ou contre un autre. Demande ce que font ces hommes, dont les noms chargent la mémoire des nomenclateurs[569] ; voici tous leurs traits distinctifs : l'un s'emploie pour celui-ci, l'autre pour celui-là, aucun pour soi-même. Et l'on en voit se plaindre, avec une indignation bien folle, du dédain de leurs grands patrons qui, lorsqu'on veut les aborder, n'ont pas un moment à donner ! Oses-tu bien accuser la morgue d'autrui, toi qui jamais ne trouves un moment pour toi-même ? Cet homme du moins, quel qu'il soit, si hautain de visage, t'a regardé enfin ; il a prêté l'oreille à tes discours, il t'a admis à ses côtés ; toi, tu n'as jamais daigné t'envisager, ni te donner audience.

III.

Ne crois donc pas qu'on te doive rien pour de tels offices : lorsqu'en effet tu les rendais, c'était, non par désir de te donner à autrui, mais par impuissance de rester avec toi. Quand les plus brillants génies qui furent jamais s'uniraient en ce point, ils ne pourraient s'émerveiller assez d'un tel aveuglement de l'esprit humain. On ne laisse envahir ses champs par qui que ce soit ; au plus mince différend sur les limites, on a recours aux pierres et aux armes ; mais sur sa vie on laisse empiéter qui le veut ; bien plus : soi-même on introduit les usurpateurs. Vous ne trouvez personne qui veuille partager son argent avec vous : entre combien de gens n'éparpille-t-on pas son existence ? Sévères économes de nos patrimoines, s'agit-il de dépenser le temps, nous sommes prodigues à l'excès du seul bien dont il serait beau d'être avare[570]. Volontiers prendrais-je dans la foule des vieillards le premier venu pour lui dire : « Te voici arrivé au dernier période de la vie humaine ; cent ans ou plus pèsent sur ta tête : voyons, rappelle ton passé, fais-lui rendre compte. Dis ce que t'en a dérobé un créancier, une maîtresse, un plaideur, un client, tes querelles conjugales, l'ordre à maintenir parmi tes gens, tes courses officieuses par la ville. Ajoute les maladies qui furent ton ouvrage, et tout le temps que tu laissas stérile, tu te verras plus pauvre d'années que tu n'en supputes. Repasse en ta mémoire combien de fois tu as été fixe dans tes projets ; combien de jours ont eu l'emploi que tu leur destinais ; quel usage tu as fait de ton être ; quand ton front est demeuré calme et ton âme exempte de trouble ; quelle œuvre dans un si long espace a été par toi menée à fin ; que de gens ont mis ta vie au pillage quand toi tu ne sentais pas ce que tu perdais ; combien les vaines douleurs, les folles joies, les avides calculs, les conversations décevantes ont absorbé de tes moments : vois le peu qui t'est resté de ton lot ; tu reconnaîtras que tu meurs trop jeune. »

IV.

D'où vient donc tout le mal, ô hommes ? Vous vivez comme si vous deviez toujours vivre ; jamais il ne vous souvient de votre fragilité. Loin de mesurer la longueur du temps écoulé, vous le laissez perdre comme s'il coulait à pleins bords d'une source intarissable ; et peut-être ce jour que vous sacrifiez à tel homme ou à telle affaire est le dernier de vos jours. Vous craignez tout[571], comme de chétifs mortels ; et comme des dieux vous voulez tout avoir. Rien de si ordinaire que d'entendre dire : « A cinquante ans je quitterai tout pour la retraite ; à soixante ans je prendrai congé des emplois. » Et qui donc te garantit que tu dépasseras ce terme ? Qui permettra que les choses aillent comme tu les arranges ? N'as-tu pas honte de ne te réserver que les restes de ton existence, et de destiner à la raison le seul temps qui ne soit bon à rien ? Qu'il est tard de commencer sa vie à l'époque oh elle doit finir ! Quel fol oubli de la condition mortelle que de remettre à cinquante ou soixante ans les projets de sagesse, que de vouloir entrer dans la carrière à un âge où peu d'hommes ont poussé la leur ! Vois comme il échappe aux plus puissants et aux plus élevés d'entre les humains des paroles de regret, des vœux pour ce repos qu'ils préconisent, qu'ils préfèrent à toutes leurs prospérités. Ils voudraient bien par instants descendre de leur faîte[572], s'ils le pouvaient impunément : car lors même qu'au dehors rien ne l'attaque ou ne l'ébranle, toute haute fortune tend à crouler sur elle-même.

V.

Le divin Auguste, à qui les dieux avaient plus prodigué qu'à personne, ne cessait d'invoquer le repos, de demander qu'on le déchargeât de l'empire. Tous ses discours revenaient toujours à ce point, qu'il espérait pour lui le repos. Il charmait ses travaux de l'illusoire mais douce consolation qu'un jour il vivrait pour lui-même. Dans une lettre au sénat, où il annonçait que sa retraite ne serait pas sans dignité et ne démentirait point sa gloire passée, je trouve ces paroles : « Mais cela serait plus beau à effectuer qu'à mettre en projet ; toutefois le désir d'atteindre à un moment si désiré m'entraîne à tel point que, l'heureuse réalité se faisant attendre, j'en puise quelque avant-goût dans le plaisir de vous en parler. » Le repos lui semblait chose si précieuse, que, ne pouvant le posséder en effet, il l'anticipait par la pensée. L'homme qui voyait tout relever de lui seul, et qui faisait la destinée des hommes et des peuples, ne songeait qu'avec la plus vive joie au jour où il dépouillerait sa grandeur[573]. Il avait éprouvé combien cette fortune dont l'éclat remplissait toute la terre coûtait de sueurs et cachait d'anxiétés secrètes, lui qui, d'abord contre des citoyens, puis contre ses collègues, enfin contre ses proches, réduit à lutter par les armes, avait rougi de sang la terre et la mer ; lui qui, promené par la guerre en Macédoine, en Sicile, en Égypte, en Syrie, en Asie et sur presque tous les rivages, n'avait tourné contre l'étranger que des légions lasses de civils massacres. Tandis qu'il pacifie les Alpes, qu'il achève de dompter ces races enclavées dans l'empire, dont elles troublaient la paix, tandis qu'il recule nos frontières au-delà du Rhin, de l'Euphrate, du Danube, au sein même de Rome s'aiguisent contre lui les poignards de Muréna, de Cépion, de Lépide, des Ignaties. Il n'a pas encore échappé à leurs embûches, que sa fille et une foule de jeunes nobles, liés par l'adultère comme par un serment, épouvantent sa vieillesse fatiguée et lui font craindre pis qu'une nouvelle Cléopâtre avec un autre Antoine[574]. Il tranchait ces ulcères avec les membres mêmes ; d'autres renaissaient à l'instant. Comme en un corps trop chargé de sang, toujours il y avait éruption sur quelque point. Auguste donc soupirait après le repos : dans cet espoir, dans cette pensée ses travaux devenaient moins lourds. Tel était le vœu de celui qui pouvait combler tous les vœux.

Cicéron, ballotté entre les Catilina et les Clodius, ses ennemis déclarés, et les Crassus et les Pompée, ses équivoques amis, vogue au hasard sur le vaisseau de l'État qu'il préserve un moment du naufrage où lui-même enfin va périr : le calme ne le rassure point et la tourmente l'accable. Que de fois ne maudit-il pas son fameux consulat exalté par lui-même non sans sujet, mais sans mesure ! Sur quel ton lamentable il s'exprime dans une lettre à Atticus, après la défaite de Pompée, dont le fils réchauffait encore en Espagne un parti vaincu : « Tu me demandes, dit-il, ce que je fais ici. Je vis à demi libre dans mon Tusculum. » Puis retours sur le passé qu'il déplore, plaintes du présent, désespoir de l'avenir. Cicéron s'est dit à demi libre ! Mais certes jamais le sage ne descendra à cette humiliante qualification : jamais de demi-liberté pour lui, toujours liberté pleine et entière. Indépendant, roi de lui-même, placé plus haut que tous, rien pourrait-il dominer cet homme qui domine la Fortune.

VI.

Livius Drusus, homme énergique et véhément, après avoir ressuscité les plans subversifs et les funestes motions des Gracques, fort d'un immense concours venu de toute l'Italie, sans prévoir l'issue de cette lutte qu'il ne pouvait mener à fin ni n'était libre de quitter une fois engagée, maudissait, dit-on, une vie agitée dès ses premiers ans, et s'écriait : « Je suis le seul qui, même enfant, n'aie pas eu un jour de congé. » Et en effet, encore pupille et sous la prétexte, il osait déjà recommander des accusés aux juges et interposer son crédit dans le barreau[575] avec tant d'efficacité que plus d'un jugement fut notoirement arraché par lui. Où ne se fût pas emportée une si précoce ambition ? On pouvait le prédire : c'est à d'énormes catastrophes publiques et privées que devait aboutir une audace si prompte à se faire jour. Il s'y prenait tard pour se plaindre *de n'avoir pas eu un jour de congé*, lui factieux dès l'enfance et tyran du forum. On n'est pas sûr s'il s'est lui-même donné la mort. Il expira soudainement d'une blessure reçue dans l'aine ; si l'on put douter que cette mort eût été volontaire, nul n'en contesta l'à-propos.

Il n'est pas besoin de prolonger la liste de ces hommes qui, jugés heureux par les autres, ont rendu contre eux-mêmes un sincère témoignage en maudissant[576] tout le drame de leur vie. Mais ces plaintes n'ont changé ni les autres ni eux-mêmes ; sitôt les paroles proférées, le cœur retombe dans ses vieilles erreurs. Oui certes, votre vie se prolongeât-elle par-delà mille années, ce serait un cercle encore bien étroit ; que de siècles vos passions ne dévoreraient-elles pas ! Or cet espace que la nature franchit en courant, que la raison peut étendre, nécessairement vous échappera bientôt. Car vous ne savez ni saisir, ni retenir, ni retarder ce qu'il y a de plus fugitif au monde ; vous le laissez s'envoler, comme une chose insignifiante ou réparable.

En tête de cette classe d'hommes, je compte ceux dont le vin et la débauche prennent tous les instants ; car il n'en est point de plus honteusement occupés. Que d'autres se laissent captiver aux prestiges d'une vaine gloire, c'est là du moins une erreur honorable. Énumère-moi les mortels avides, colères, injustes dans leurs haines ou dans leurs guerres : il y a dans tous ces excès quelque chose de viril. Mais se vautrer dans l'intempérance et la débauche est un déshonneur, une souillure. Examine l'emploi que ces gens-là font de leurs jours, et compte ce qu'en absorbent de vils calculs, des artifices, des appréhensions, des soins à rendre, à recevoir, des cautions à donner ou à prendre, des festins, devenus aujourd'hui d'importants devoirs, tu verras comme ni dans leurs maux, ni dans leurs biens, ils n'ont le temps de respirer. Enfin tout le monde convient qu'un homme jeté dans ce torrent ne peut bien remplir aucune tâche ; ni l'éloquence, ni les arts libéraux ne sont faits pour lui : son esprit partagé ne reçoit nulle impression profonde, il rejette tout comme lui étant imposé de force. Il n'est propre à rien moins qu'à vivre, science déjà la plus difficile de toutes.

VII.

Les professeurs de toute autre science se trouvent partout en grand nombre. On a vu même des enfants en posséder si bien quelques-unes, qu'ils auraient pu les enseigner. Mais l'art de vivre, il faut toute la vie pour l'apprendre ; et, ce qui t'étonnera peut-être davantage, toute la vie il faut apprendre à mourir. Tant de grands hommes, brisant tout importun lien, ont dit adieu aux richesses, aux emplois, aux plaisirs, pour se consacrer jusqu'au dernier jour à cette unique science de vivre ; et néanmoins presque tous sont sortis de la vie sans avoir, de leur aveu même, trouvé ce secret ; comment ceux dont je parle le posséderaient-ils ?

Il n'appartient, crois-moi, qu'à une âme élevée et qui voit à ses pieds les erreurs humaines, de ne se rien laisser dérober de son temps ; et la plus longue vie est celle de l'homme qui, aussi loin qu'elle a pu s'étendre, l'a gardée pour lui tout entière. Aucune partie n'en est restée inculte ou sans emploi ; aucune n'a admis d'usurpateurs : il n'a rien trouvé qui fût digne d'être échangé contre son temps, dont il a été l'avare économe. Aussi son lot lui a-t-il suffi ; mais, et il le faut bien, quel déchet pour ceux dont la vie fut en grande partie gaspillée par la foule ! Et ne crois pas qu'ils ne s'aperçoivent point de ce qu'ils perdent : écoute la plupart de ceux qu'une grande prospérité surcharge, au milieu de leurs troupeaux de clients, ou de leurs procès à soutenir ou d'autres illustres misères, écoute-les s'écrier maintes fois : « Je n'ai pas le temps de vivre ! » Pourquoi ne l'as-tu pas ? Tout ce monde qui t'attire à soi t'enlève à toi-même. Que de jours t'a ravis cet accusé ; et ce candidat ; et cette vieille, lasse d'enterrer ses héritiers ; et ce riche dont la feinte maladie irrite l'espoir de ses cupides flatteurs ; et cet ami puissant qui vous a tous, non dans son amitié, mais dans son étalage ! Eh oui, fais le calcul et la revue de tes jours, tu verras qu'il n'en est resté pour toi que bien peu, et que les jours de rebut[577]. Un autre a obtenu les faisceaux qu'il désirait tant, et il aspire à les déposer, et il répète sans cesse :

« Quand l'année sera-t-elle écoulée ? » Celui-ci donne des jeux, honneur qu'il doit au sort et qu'il avait prisé si haut, et il s'écrie : « Quand serai-je quitte de ces embarras ? » On s'arrache cet avocat dans tout le forum ; il encombre la place entière d'un immense concours qui dépasse la portée de sa voix, et lui encore s'écrie : « Quand donc y aura-t-il vacances ? » Chacun presse les instants de son existence ; et l'impatience de l'avenir nous travaille, et le dégoût du présent. Mais l'homme qui met chaque moment à profit, qui règle chaque journée comme si elle était toute sa vie, celui-là ne souhaite ni n'appréhende le lendemain. Eh ! quelle nouvelle jouissance une heure de plus peut-elle lui apporter ? Il a tout connu, il a goûté de tout à satiété : que le sort capricieux ordonne du reste comme il voudra, sa vie est à l'abri du sort. On peut y ajouter, on ne peut rien en ôter ; y ajouter, de quelle manière ? Comme à un convive repu déjà, mais non gorgé, on peut présenter d'autres mets qu'il ne désirait pas, mais qu'il savoure encore[578].

VIII.

Ainsi, parce qu'un homme a des cheveux blancs et des rides[579], ne va pas croire qu'il ait vécu longtemps ; il n'a pas longtemps vécu, mais longtemps duré. Car enfin, penses-tu qu'on ait fait une longue traversée quand, accueilli dès le port par une furieuse tempête, poussé en mille cas contraires par les vents qui soufflaient avec violence de points opposés, on n'a pu que tournoyer dans le même cercle ? Ce n'est pas là un long voyage ; c'est une tourmente prolongée. Je m'étonne toujours quand je vois des hommes demander à d'autres leur temps, et ceux-ci le donner avec tant de complaisance. Des deux côtés l'on n'a en vue que le motif de la demande ; mais le temps même, pas un n'y songe. C'est comme un rien que l'on demande, un rien que l'on accorde : on joue avec ce qu'il y a de plus précieux au monde. Ce qui abuse, c'est que le temps est chose impalpable, qui ne frappe point les yeux : et l'on en tient fort peu de compte ; je dirais presque, il n'a aucun prix. Des hommes du plus brillant mérite reçoivent un salaire annuel au prix duquel ils louent leurs travaux, leurs services, leur savoir-faire : le temps n'est prisé par personne. On le jette à pleines mains, il semble ne rien coûter. Mais vois les mêmes hommes quand ils sont malades ; si la mort les menace de près, comme ils embrassent les genoux des médecins ! Redoutent-ils le dernier supplice, ils sont prêts, pour vivre, à sacrifier tout ce qu'ils possèdent, tant est grande la contradiction de leurs sentiments[580].

Si, comme les années passées, on pouvait leur mettre à chacun sous les yeux les années à venir, de quel effroi ne[581] seraient-ils pas saisis en voyant quel peu il leur en reste ! Comme ils les économiseraient ! Or, s'il est facile, tout modique qu'il soit, de ménager un bien dont on est sûr, avec quel soin doit-on garder celui qui, sans qu'on sache à quel moment, doit nous échapper ! Ne crois pas cependant qu'ils en ignorent tout le prix. Ils disent tous les jours à ceux qu'ils chérissent le plus fortement qu'ils donneraient pour eux une portion de leur vie. Ils la donnent cette portion, et sans qu'ils y pensent ; ils s'en dépouillent sans profit pour les autres ; ils ne savent pas même s'ils se dépouillent en effet, et dès lors ils supportent sans peine un dommage inaperçu pour eux. Personne ne te restituera tes années ; personne ne te rendra à toi-même. La vie suivra sa pente primitive sans rebrousser son cours ou l'interrompre, sans faire nul fracas ni t'avertir de sa rapidité ; elle coulera en silence. Ni la puissance des rois ni la faveur des peuples ne la feront aller plus loin[582]. Selon l'impulsion reçue au départ, elle courra jusqu'au bout, jamais ne se détournant, jamais ne s'arrêtant. Que vas-tu devenir ? Durant tes vaines occupations, la vie se précipite, la mort, d'une heure à l'autre, arrivera et, bon gré mal gré, elle se fera recevoir.

IX.

Cette pensée peut-elle être celle d'aucun homme, je dis de ces hommes qui se piquent de prudence et qui sont trop laborieusement occupés pour embrasser une vie meilleure ? Ils approvisionnent leur vie aux dépens de leur vie même ; ils distribuent leurs plans sur un long avenir : or voilà surtout comme notre existence se perd, à différer. Voilà ce qui leur dérobe successivement les jours les plus près d'eux, et leur vole le présent[583] en leur promettant l'avenir. Le plus grand empêchement à la vie, c'est l'attente, que tient en suspens le lendemain. Tu perds le jour actuel : ce qui est aux mains de la Fortune, tu le veux régler ; ce qui est aux tiennes, tu le lâches. Que prétends-tu ? Où élances-tu ton être ? Tout ce qui est à venir repose sur l'incertain. Vis dès cette heure. Entends le cri du plus grand de nos poètes ; ne dirait-on pas qu'une bouche divine a dicté à sa muse cette salutaire pensée :

Tous vos jours les meilleurs, ô mortels misérables,
Fuient les premiers..................

Que tardes-tu ? semble-t-il dire ; qu'attends-tu ? Si tu ne t'empares de ce jour, il fuit ; quand tu t'en seras emparé, il fuira encore. Il faut donc combattre la rapidité du temps par la promptitude à en user[584]. Cette cascade qui se précipite ne coulera pas toujours : hâte-toi de puiser. Ce qui condamne encore admirablement tes plans illimités, c'est que le poète ne parle pas même de saisons, mais de jours. Tranquille, et dans cette effrayante fuite des temps, nonchalamment immobile, ce sont des mois, des années, une longue suite d'années que dans tes rêves ambitieux il te plaît d'accumuler ; or de quoi te parle-t-on ? d'un jour, et d'un jour qui fuit. Il n'est donc que trop vrai : tous les meilleurs jours fuient les premiers pour les malheureux mortels, pour ceux bien entendu qui se tourmentent de soins frivoles et, encore enfants par l'intelligence, se voient surpris par la vieillesse, à laquelle ils arrivent sans apprêts, sans armes. Ils n'ont pourvu à rien : ils tombent tout à coup et en aveugles aux mains de l'ennemi : ils ne sentaient pas ce qu'il gagnait journellement sur eux. De même qu'un entretien, une lecture, quelque pensée qui les absorbe dérobe aux voyageurs la longueur du chemin ; ils se voient arrivés avant de s'imaginer qu'ils approchaient : ainsi le voyage rapide et continuel de la vie, où l'on marche, soit éveillé, soit endormi, toujours du même pas, ces malheureux préoccupés ne le jugent bien qu'au terme fatal.

X.

Un tel sujet, si je voulais le diviser et l'étendre sous différents titres, me fournirait des preuves en foule, pour démontrer que la vie de ces hommes se réduit à bien peu de chose. Fabianus, qui n'était pas de ceux qui ne sont philosophes qu'en chaire, mais un franc philosophe du vieux temps, avait coutume de dire : « Il faut combattre les passions à force ouverte et non par de subtils discours ; ce ne sont pas des coups ménagés, c'est un choc vigoureux qui dissipera cette perfide milice. Brisons net l'arme du sophisme, n'escarmouchons pas avec lui. » Mais pour mieux confondre l'erreur, éclairons-la : ne nous bornons pas à la plaindre.

La vie se partage en trois époques : celle qui est, celle qui fut, celle qui sera. Celle que nous traversons n'est bientôt plus ; ce qui est devant nous est incertain ; le passé seul et assuré : c'est là que la Fortune a perdu ses droits, c'est là ce qui ne peut retomber à la discrétion de personne. Voilà ce que perdent les hommes stérilement occupés : ils n'ont pas le loisir de tourner leur regard en arrière, et, quand ils l'auraient, trop d'amertume s'attache aux souvenirs qui sont des remords. Ils reportent à regret leur pensée sur une époque mal employée ; ils n'osent toucher à ces désordres dont l'immoralité se voilait sous la séduction du plaisir présent : la plaie se rouvrirait au contact. Il n'est que l'homme qui a dans tous ses actes suivi l'arrêt de sa conscience, laquelle ne se trompe jamais, il n'est que cet homme qui revienne avec charme vers le passé. Quand on s'est longtemps laissé aller aux rêves de l'ambition, aux dédains de l'orgueil, aux abus de la victoire, aux ruses de la déloyauté, aux exactions rapaces, aux prodigalités ruineuses, il faut bien que l'on tremble devant ses souvenirs. Le passé cependant est une portion de notre vie désormais sacrée, inviolable[585], hors de l'atteinte des événements humains, soustraite à l'empire du sort ni le besoin, ni la crainte, ni l'invasion des maladies ne peuvent la troubler. On ne saurait nous la contester ni nous la ravir : la jouissance en est aussi constante qu'inaltérable. Le présent n'a qu'un jour et même qu'un moment à la fois ; le passé offre tous ses jours ensemble, dociles à ton appel et se laissant considérer et retenir à volonté : mais l'esclave du vice n'a pas ce loisir-là. Il n'appartient qu'à l'âme calme et rassise de passer en revue tous les âges qu'elle a franchis ; les autres âmes sont sous le joug : impossible à elles de tourner la tête et de regarder en arrière. Leur vie s'est allée perdre dans un abîme ; et comme on a beau toujours verser dans un crible où manque le fond qui reçoit et qui garde, de même qu'importe quelle mesure de temps on prodigue à ceux qui n'ont point place pour y rien déposer : âmes fêlées et percées à jour, tout passe au travers[586]. Le présent est bien court, si court même qu'il semble à plusieurs qu'il n'est point. Il fuit en effet d'une fuite éternelle ; il coule et se précipite ; il a cessé d'être plus tôt qu'il n'est venu ; il est aussi peu stationnaire que les cieux ou les astres, dont l'active et continuelle rotation ne les laisse jamais au même point de l'espace. Les hommes à préoccupations ne possèdent donc que le présent, si rapide qu'il est insaisissable ; et les mille soins qui les partagent le leur dérobent encore.

XI.

Enfin veux-tu savoir combien peu de temps ils vivent ? Vois combien ils souhaitent de vivre longtemps. Vieux et décrépits, ils mendient dans leurs prières un supplément de quelques années. Ils se rajeunissent à leurs propres yeux, se bercent de leur mensonge et s'abusent avec autant de satisfaction que s'ils trompaient aussi le destin[587]. Mais qu'ensuite leur santé chancelante les avertisse que l'heure est venue, avec quel effroi ils se voient mourir ! Ils ne sortent pas de la vie, ils en sont arrachés. Ils se donnent hautement le nom d'insensés pour n'avoir pas pensé à vivre : que seulement ils échappent à la maladie, comme ils sauront goûter le repos ! Ils reconnaissent alors combien inutilement ils amassaient, pour ne pas jouir, et que tant d'efforts n'ont abouti à rien.

Comment au contraire une vie passée loin de toute affaire ne serait-elle pas longue ? Rien n'en est aliéné ni jeté à l'un et à l'autre ; rien n'en est livré à la Fortune, perdu par négligence, entamé par prodigalité ; rien n'en demeure stérile, tout, pour ainsi dire, est en plein rapport. Ainsi la vie la plus bornée aura été plus que suffisante : aussi, que le dernier jour vienne quand il voudra, le sage n'hésitera point : il ira au-devant de la mort d'un pas assuré.

Tu demandes peut-être ce que j'entends par hommes préoccupés. Ne crois pas que je désigne seulement ceux contre lesquels il faut lâcher les chiens pour les chasser enfin des tribunaux ; ni ceux qu'étouffe honorablement la foule de leurs solliciteurs, ou qui moins noblement se font écraser à la porte d'autrui ; ni ceux que d'obséquieux devoirs arrachent de chez eux et envoient se morfondre au seuil des grands ; ni ceux que l'appât d'un lucre infâme pousse aux enchères de biens confisqués, sauf à rendre gorge plus tard. Il est aussi des inactions fort occupées. Dans sa villa, dans son lit, dans la plus entière solitude et bien qu'isolé de tous, plus d'un est à charge à lui-même. Il en est dont la vie ne doit pas s'appeler oisive, mais laborieusement désœuvrée.

XII.

Appelles-tu homme de loisir l'amateur qui va classant avec une inquiète minutie ces vases de Corinthe dont la manie de quelques curieux fait tout le prix ; celui qui consume la majeure partie de ses jours au milieu de vieux métaux enrouillés ; ou cet autre qui au gymnase (car, ô ignominie ! les vices qui nous travaillent ne sont plus même romains) va, pour contempler les jeunes combattants, s'installer au lieu même où ils se frottent d'huile ; ou celui qui assortit par couples ses troupeaux de vainqueurs, selon la couleur[588] et l'âge ; ou celui qui se charge de nourrir les athlètes les plus en renom ? Appelles-tu hommes de loisir ceux qui passent tant d'heures chez le barbier à se faire enlever le moindre poil qui aura commencé à poindre pendant la nuit ; à tenir conseil sur chaque cheveu ; à rétablir une mèche déplacée, ou à ramener de ci et de là leur chevelure sur un front dégarni ! Quelle indignation, si le barbier a omis quelque mince détail, oubliant que ce n'est pas un homme qu'il rase ! Quelle fureur, si le rasoir a entamé leur crinière, si rien dépasse la ligne ordonnée, si chaque mèche ne retombe pas toute dans son anneau spécial ! Est-il un de ces êtres qui n'aimât mieux voir bouleverser l'État que sa chevelure, qui n'ait plus grand souci de l'ajustement de sa tête que de ce qui peut la sauver, qui ne choisisse d'être un homme bien coiffé plutôt qu'un honnête homme ? Appelles-tu gens de loisir ceux qui partagent tous leurs moments entre le peigne et le miroir ? Et ces autres, qui composent, écoutent ou récitent des chansons, grave besogne, où ils se torturent pour plier le ton naturel de leur voix, le meilleur comme aussi le plus simple, aux inflexions d'une langoureuse mélodie ? Leurs doigts battent incessamment la mesure d'un air qu'ils ont dans la tête : prennent-ils part aux actes les plus sérieux, les plus tristes même, tu les entends qui fredonnent entre leurs dents. Ces-gens-là sont non pas oisifs, mais oiseusement occupés. Il n'est point jusqu'à leurs repas, j'ose le dire, qu'on puisse leur compter comme heures de loisir, quand on voit avec quelle sollicitude ils disposent leur argenterie ; quelle importance ils mettent à ce que les tuniques de leurs Ganymèdes soient relevées avec grâce ; comme ils sont soucieux de voir en quel état le sanglier va sortir des mains du rôtisseur, et avec quelle célérité leurs valets aux membres bien lisses courront, le signal donné, chacun à leur tâche ; avec quel art l'oiseau sera découpé en tranches de la préparation requise, avec quel empressement de malheureux esclaves essuieront les rebutantes sécrétions de l'ivresse[589]. Tout cela pour atteindre à une renommée de bon goût et de magnificence ; et cette maladie les poursuit tellement dans tous les détails de la vie, qu'ils ne boivent ni ne mangent sans y mettre de la prétention.

Tu ne compteras pas sans doute parmi les hommes de loisir ceux que l'on transporte de côté et d'autre en chaise ou en litière, qui ont leurs heures pour se faire promener et se croiraient coupables de les manquer ; qui ne se baignent en grande ou en petite eau, qui ne mangent que sur l'avis d'un autre, et dont l'âme alanguie est tellement énervée par l'extrême mollesse, qu'ils ne peuvent savoir par eux-mêmes s'ils ont faim. J'ai ouï dire qu'un de ces délicats (si toutefois désapprendre la vie humaine et ses habitudes doit s'appeler délicatesse), enlevé du bain à bras d'hommes et déposé sur un siège, fit cette question : « Suis-je assis ? » Il ignore s'il est assis ! Crois-tu qu'il sache bien s'il existe, s'il voit, s'il se repose ? Était-ce ignorance réelle ou affectée ? J'aurais peine à dire laquelle est le plus pitoyable. Ces sortes de gens sans doute sont fort sujets aux distractions ; mais fort souvent ils les simulent. Ils ont des travers favoris qu'ils regardent comme l'enseigne du bonheur. Il est pour eux trop simple et trop ignoble de savoir ce qu'ils font. Ose dire maintenant que nos mimes exagèrent trop souvent la satire de notre mollesse. A coup sûr ils omettent beaucoup plus qu'ils n'inventent ; et nos incroyables excès se sont si fort multipliés dans ce siècle, qui n'a de génie que pour le vice, que l'on peut accuser la scène de n'en pas dire assez. Grands dieux ! avoir perdu dans la mollesse la conscience de son être au point de s'en rapporter à d'autres pour savoir si l'on est assis !

XIII.

Ce n'est donc pas là un homme de loisir ; cherche un autre terme : il est malade, il est déjà mort. Être homme de loisir c'est avoir le sentiment de ce loisir même ; mais celui-là ne vit qu'à demi qui a besoin qu'on lui indique en quelle posture est sa personne : comment pourrait-il se dire maître de la moindre fraction de son temps ? Il serait trop long d'énumérer tous ceux qui ont consumé leurs jours aux échecs, à la paume, ou à se rôtir le corps au grand soleil. Le repos ne consiste-pas en des plaisirs si affairés. Par exemple, et nul ne l'a mis en doute, ne s'évertuent-ils point sans effet, ceux que d'oiseuses recherches littéraires absorbent sans cesse ? Or de ceux-là déjà le nombre est assez grand parmi nous. C'était une maladie grecque de rechercher combien Ulysse avait eu de rameurs ; si l'Iliade fut écrite avant l'Odyssée ; si ces poèmes sont du même auteur ; et autres vétilles semblables qui, à les garder pour soi, ne font rien pour la satisfaction intérieure, et, à les mettre au jour, donnent moins l'air d'un savant que d'un fâcheux. Voici les Romains gagnés à leur tour par ce stérile engouement des connaissances futiles[590]. Ces jours derniers j'ouïs certain savant nous relater quels généraux romains avaient les premiers fait telle ou telle chose. C'est Duillius qui remporta la première victoire navale ; c'est Curius Dentatus qui le premier fit voir des éléphants à son triomphe. Ces détails du moins, bien qu'ils n'aient pas la vraie gloire pour objet, roulent encore sur des faits nationaux. Nul profit à tirer d'une telle science, bien que dans sa spécieuse puérilité elle offre quelque intérêt. Faisons grâce encore à cette question : Qui le premier persuada aux Romains de monter sur un vaisseau ? ce fut Claudius, surnommé pour cette raison *Caudeco*, nom que les anciens donnaient à l'assemblage de plusieurs planches, d'où vient que les tables de nos lois se nomment *codices*, et que, même aujourd'hui, les bateaux de comestibles qui, de temps immémorial, circulent sur le Tibre, s'appellent *caudicariœ*. Je veux encore qu'il ne soit pas indifférent de savoir que Valérius Corvinus fut le premier vainqueur de Messana et que, le premier des Valérius, il prit le nom de la ville soumise et fut appelé Messana, surnom dont le peuple altéra la prononciation et qui devint par la suite Messala. Permettras-tu aussi qu'on s'occupe de savoir que L. Sylla fit voir le premier dans le cirque des lions déchaînés, tandis qu'auparavant on leur laissait leurs chaînes ; et que le roi Bocchus fournit les archers qui devaient les tuer ? Faisons cette dernière concession. Mais que Pompée ait le premier donné au cirque un combat de dix-huit éléphants, courant comme en champ de bataille sur des malfaiteurs, quel profit tirer d'un tel fait ? Le premier citoyen de Rome, celui que parmi nos illustrés aïeux la renommée nous peint comme un modèle de bonté, crut que c'était un spectacle mémorable que de faire périr des hommes d'une manière nouvelle. Ils combattent ? C'est peu. Oh les déchire ? C'est peu encore : que d'énormes bêtes les broient sous leur masse. Il valait mieux laisser de pareils actes dans l'oubli, de peur qu'un jour quelque homme puissant-ne vînt à les apprendre et ne voulut enchérir sur ces excès d'inhumanité.

XIV.

Oh ! quels épais nuages répand sur l'esprit de l'homme une haute fortune ! En voilà un qui se croit supérieur à la nature humaine, pour avoir livré des bandes de malheureux à des monstres nés sous un autre ciel, pour avoir mis aux prises des combattants de forces si disproportionnées, et versé à flots le sang à la face de ce peuple qu'il forcera tout à l'heure à répandre le sien par torrents. Et plus tard ce même homme, dupe de la perfidie Alexandrine, tendra la gorge au fer du dernier des esclaves et reconnaîtra enfin la vanité du surnom qu'il étale.

Mais, pour revenir au point que j'ai quitté, et faire voir encore d'autres exemples des inutiles travaux de certains hommes, le même savant contait que Métellus, ayant défait les Carthaginois en Sicile, fut le seul Romain qui devant son char de triomphe fit marcher cent vingt éléphants captifs ; que Sylla fut le dernier qui agrandit l'enceinte de la ville, ce qui n'avait lieu chez nos ancêtres qu'après une conquête en Italie, non sur l'étranger. Du moins vaut-il mieux savoir cela que d'apprendre, comme il l'affirmait, que le mont Aventin n'est pas compris dans nos murs pour l'un de ces deux motifs : ou parce que le peuple s'y retira jadis, ou parce que Rémus, y consultant le vol des oiseaux, ne les trouva point favorables. Il y a une infinité de traditions de ce genre qui sont des fictions, ou qui ont un air de mensonge. Or en admettant que ceux qui les citent parlent de bonne foi ou offrent caution de ce qu'ils écrivent, guériront-ils un seul préjugé, étoufferont-ils une seule passion ? qui rendront-ils plus courageux, plus juste, plus libéral ? Je ne sais parfois, disait notre ami Fabianus, s'il ne vaut pas mieux renoncer à toute étude que de s'empêtrer dans celles-là.

Seuls de tous les mortels ils ont le vrai loisir, ceux qui donnent le leur à la sagesse ; seuls ils savent vivre. Car non contents de bien garder leur part d'existence, ils y ajoutent tout l'ensemble des âges. Toutes les années qui furent avant eux leur sont acquises. Avouons-le, sous peine d'être les plus ingrats des hommes : ces illustres fondateurs des saintes doctrines, c'est pour nous qu'ils sont nés, ils nous ont défriché la vie[521]. Ces admirables connaissances, arrachées aux ténèbres et produites au grand jour, c'est le labeur d'autrui qui nous y donne accès. Aucun siècle ne nous est interdit : tous nous sont ouverts[522] ; et si, par un généreux essor, nous voulons franchir les limites étroites de l'humaine faiblesse, notre esprit peut placer sur le vaste horizon des temps. Il peut discuter avec Socrate, douter avec Carnéade, goûter le loisir d'Épicure, triompher de l'humanité avec les stoïciens, l'outrepasser avec les cyniques, enfin, émule de la nature, entrer avec elle en partage de tous les siècles. Pourquoi de ce temps si borné, de cette vie précaire et transitoire ne pas s'élancer à plein vol vers ces espaces immenses, éternels ; où tous les sages sont nos concitoyens ?

Ces gens qui se prodiguent en mille visites officieuses, qui privent du repos eux et les autres, quand ils ont bien satisfait leur manie, et frappé comme ils font chaque jour à toutes les portes, et pénétré par chacune de celles qu'ils ont trouvées ouvertes, et promené à la ronde leurs salutations intéressées, dans cette ville immense qu'agitent tant de passions diverses, combien de personnes ont-ils pu voir ? Combien dont le sommeil, la débauche ou l'incivilité les a éconduits, ou qui ont mis leur patience aux abois pour finir par leur échapper, sous prétexte d'affaire pressante ? Combien ont évité de paraître dans leur vestibule encombré de clients et se sont dérobés par quelque issue secrète, comme s'il n'était pas plus malhonnête d'esquiver une visite que de la refuser ? Combien, à demi endormis et alourdis par l'orgie de la veille, tandis que des malheureux ont hâté leur réveil pour aller attendre celui du patron, combien entrouvriront à peine les lèvres pour redire dans un bâillement dédaigneux un nom[523] que leur esclave leur souffla mille fois à l'oreille ?

Celui-là, nous pouvons le dire, cultive de vrais amis qui cherche tous les jours à se familiariser davantage avec un Zénon, un Pythagore, un Démocrite, un Aristote, un Théophraste, et tous ces autres oracles de la morale et de la science. Pas un qui n'ait pour nous du temps de reste, pas un qui ne nous reçoive, qui ne nous renvoie plus contents de nous-mêmes et de lui, pas un qui nous laisse partir les mains vides. La nuit comme le jour ils sont accessibles pour tous. Pas un ne te forcera de mourir, tous t'en apprendront le secret ; ils n'useront pas tes années à leur profit, ils t'offriront le tribut des leurs. Tu n'auras point à pâlir de leur avoir parlé ; leur amitié ne te sera pas mortelle ; et ce[594] n'est pas à grands frais qu'on leur fait sa cour.

XV.

Tu emporteras de chez eux tout ce que tu voudras : il ne tiendra pas à eux que plus tu auras pris, plus tu ne puises encore. Quelle félicité, quelle belle vieillesse est réservée au client de ces grands patrons ! Il aura en eux des amis pour délibérer, sur les moindres comme sur les plus graves objets, pour leur demander tous les jours conseil sur lui-même, pour entendre d'eux la vérité sans offense, l'éloge sans flatterie, pour se former à leur image. Nul n'a eu le privilège de se choisir ses aïeux, dit-on tous les jours ; c'est le sort qui les donne. On se trompe : l'homme peut désigner à qui il devra sa naissance. Il y a des familles de nobles génies : à laquelle veux-tu appartenir ? Choisis, et non seulement son nom, mais ses richesses seront les tiennes. Il ne te faudra ni avarice, ni épargne sordide pour les conserver ; elles grossiront d'autant plus que tu en feras part à plus de monde. Ces sages t'ouvriront la voie à l'immortalité ; ils t'élèveront à un poste d'où nul ne te précipitera : voilà l'unique secret de prolonger cette périssable vie, que dis-je ? de l'échanger contre une vie qui ne périt point. Les honneurs, les monuments, tout ce que l'ambition fait décréter ou s'édifie de ses propres mains, s'écroule bien vite : il n'est rien qu'à la longue le temps ne détruise, le temps qui moissonne sitôt ce que lui-même[525] avait consacré. La sagesse est à l'abri de ses coups. Aucun siècle ne l'effacera, ni ne la mettra en poudre ; l'âge suivant et de proche en proche tous les âges ultérieurs ajouteront à la vénération qu'elle inspire : car si l'envie s'attache aux gloires contemporaines, on admire plus franchement celles qui déjà sont loin de nous[526].

Ainsi la vie s'agrandit pour le sage : pour lui ne sont point faites les limites imposées au reste des hommes. Seul affranchi des lois de l'humanité, tous les siècles lui sont soumis, comme à Dieu. Le passé, il le ressaisit par le souvenir ; le présent, il sait l'employer ; l'avenir, il en jouit d'avance. Elle est longue sa vie, parce que sur ce seul point du temps il concentre tous les temps. Mais qu'elle est courte et soucieuse l'existence de ceux qui, oublieux du passé, négligent le présent et tremblent pour l'avenir ! Arrivés au terme, ils reconnaissent trop tard, les malheureux, combien ils ont été longtemps occupés sans rien faire.

XVI.

Et ne dis pas : « Une preuve que leur vie est longue, c'est qu'ils invoquent quelquefois la mort. » Tristes jouets de leur folie et de passions qui, ne sachant où se prendre, donnent tête baissée contre l'objet même de leur frayeur, souvent ils désirent la mort par cela même qu'ils la craignent. Et cette autre preuve de longue vie, tu ne l'admettras pas non plus : « Souvent la journée leur semble trop longue ; attendent-ils le moment fixé pour un festin, ils se plaignent des heures trop lentes à passer. » Oui, quand leurs occupations les quittent, abandonnés à leur loisir ils se consument ; ils ne savent ni qu'en faire, ni s'en débarrasser. Ils aspirent donc à une occupation quelconque ; et dans l'intervalle toutes les heures leur pèsent. Cela est si vrai, que si le jour a été affiché pour un combat de gladiateurs, ou si la date de tout autre spectacle ou divertissement est attendue, ils voudraient franchir les jours intermédiaires. Dès qu'ils attendent, tout délai est trop long. Mais cet instant dont ils sont amoureux, bref et rapide qu'il est, leur folie l'abrège bien plus encore[527] ; d'une époque déjà en avant d'eux ils se rejettent toujours plus avant et ne peuvent se fixer dans un même désir. Ce n'est pas que les journées leur soient longues, c'est qu'ils les voient comme obstacles. Que les nuits au contraire leur semblent courtes, passées dans les bras des prostituées ou dans les orgies ! De là encore le délire des poètes, dont les fictions nourrissent les égarements des hommes, et qui ont imaginé que Jupiter, dans l'ivresse d'une jouissance amoureuse, avait doublé la durée de la nuit. N'est-ce pas vraiment enflammer nos vices que d'alléguer en leur faveur l'autorité des dieux, que de fournir à la passion, par d'augustes[528] exemples, l'excuse de ses déportements ? Pourraient-ils, ces voluptueux, ne pas trouver courtes des nuits qu'ils achètent si cher ? Ils perdent le jour à désirer la nuit, et la nuit à craindre le retour de la lumière. Leurs plaisirs mêmes sont inquiets, troublés de mille alarmes, et au fort de leur joie vient les assaillir cette désolante pensée : « Combien cela durera-t-il[599] ? » Fatale réflexion, qui a fait gémir des rois sur leur puissance ; et le rang suprême leur a offert moins de charmes que la certitude de le perdre un jour ne leur a donné d'épouvante. Alors qu'il déployait son armée dans des plaines immenses, sans la compter qu'en mesurant le terrain qu'elle couvrait, le roi de Perse, le superbe Xerxès se prit à pleurer en songeant qu'au bout de cent années, de tant de milliers d'hommes à la fleur de l'âge, pas un ne survivrait[600]. Et ces mêmes hommes, il va, lui qui les pleure, hâter pour eux l'heure mortelle, il va les perdre sur terre, sur mer, dans les combats, dans les retraites, et dévorer en peu d'instants ces existences pour lesquelles il appréhende la centième année.

XVII.

Pourquoi leurs joies mêmes sont-elles si inquiètes ? C'est qu'elles ne reposent point sur des-bases solides ; et le même néant d'où elles sortent fait leur instabilité. Or que penser de leurs moments malheureux, comme ils les appellent eux-mêmes, quand ceux dont ils sont si fiers et qui les placent à leurs yeux au-dessus de l'humanité sont mêlés de tant d'amertumes ? Toute extrême jouissance a ses sollicitudes ; et la plus riante fortune est celle à laquelle on a le moins droit de se fier. Un succès pour s'affirmer a besoin d'un succès nouveau ; pour les vœux accomplis il faut faire encore d'autres vœux. Car rien de ce qu'élève le hasard n'a de consistance : plus l'édifice gagne en hauteur, plus il est sujet à crouler ; et nul ne trouve de[601] charme à ce qui menace ruine. Nécessairement donc elle est des plus malheureuses, non pas seulement des plus courtes, la vie de ceux qui acquièrent à grand-peine ce qu'ils ne garderont qu'avec plus de peine encore : que d'efforts pour atteindre ce qu'ils ambitionnent, que d'anxiétés pour retenir ce qu'ils ont atteint[602] ! Et en attendant on ne tient nul compte d'un temps qui ne reviendra plus. De nouvelles agitations succèdent aux premières, une espérance en éveille une autre, l'ambition appelle l'ambition. On ne cherche pas la fin de ses misères, on en change l'objet[603]. Nos honneurs ont fait nos tortures ? le soin d'y pousser autrui nous prendra encore plus de temps. Candidats, sommes-nous à la fin de nos brigues ? nous commençons à briguer pour les autres. Avons-nous déposé le rôle fâcheux d'accusateurs ? nous passons à celui de juges. Cessons-nous de juger ? nous voilà rapporteurs. A-t-on vieilli dans la gestion mercenaire des biens d'autrui ? c'est des siens mêmes qu'on se fait esclave. Marius échange la chaussure de soldat contre les soucis de consul. Si Quintius se hâte de terminer sa dictature, c'est de la charrue qu'on le rappellera. Scipion va marcher contre les Carthaginois, peu mûr d'années pour une si haute entreprise ; vainqueur d'Annibal, vainqueur d'Antiochus, il illustre son consulat, il cautionne celui de son frère ; on va même, s'il ne s'en défend, l'associer à Jupiter ; puis ce glorieux sauveur, en butte aux orages des factions, qui, jeune homme, aura dédaigné les honneurs presque de l'apothéose, mettra dans un exil obstiné la jouissance et l'ambition de ses vieux jours[604]. Jamais ne nous manqueront, soit dans le bonheur, soit dans la disgrâce, les motifs d'inquiétude : mille embarras nous couperont les voies du repos ; sans jamais en jouir, nous y aspirerons toujours[605].

XVIII.

Sépare-toi donc de la foule, cher Paulinus ; et, après de trop longues tourmentes pour ta course bornée, qu'un port plus tranquille te recueille enfin. Songe que de fois tu as bravé les flots, que d'orages tu as essuyés, ou qui menaçaient ta tête ou que tu détournas sur toi quand ils nous menaçaient tous. Assez d'épreuves et de jours d'alarmes ont témoigné de ta vigueur morale : essaye ce qu'elle pourra faire dans la retraite. Si la plus grande et certes la meilleure part de tes jours fut donnée à l'État, réserves-en aussi quelque peu pour toi. Ce n'est point à un lâche ou apathique repos que je te convie ; je ne veux pas que le sommeil, que les voluptés, idoles de la foule, étouffent ce qu'il y a de vie dans ton âme. Ce n'est point là le vrai repos. Tu rencontreras de plus graves affaires que tout ce qui jusqu'ici a exercé ton courage, affaires à traiter loin de tous tracas et soucis. Tu administres les revenus de l'univers avec le désintéressement qu'exige l'affaire d'autrui, avec le zèle que tu mettrais aux tiennes, avec le scrupule dû à celles de l'État. Tu te concilies l'affection dans une charge où il est difficile d'éviter la haine : et cependant, crois-moi, mieux vaut régler les comptes de sa vie que ceux des subsistances publiques. Cette âme vigoureuse et à la hauteur des plus grandes-choses, ne l'enchaîne plus à un ministère honorable sans doute, mais qui ne mène guère au bonheur ; rappelle-la à toi-même, et songe que tu ne t'es point voué avec tant d'ardeur dès ta première jeunesse aux études libérales, pour devenir l'honnête gardien de plusieurs milliers de mesures de blé. Tu avais donné de plus nobles et de plus hautes espérances. On ne manquera pas d'hommes qui joignent à une intégrité exacte l'assiduité au travail. La bête de somme par sa lenteur même est plus propre au transport des fardeaux que les coursiers de noble race : qui jamais surcharge leur vive et généreuse allure d'un lourd bagage ? Songe en outre que de sollicitude dans l'énorme responsabilité que tu acceptes : c'est à l'estomac de l'homme que tu as affaire ; ni la raison trouve docile, ni l'équité n'apaise, ni les prières ne fléchissent un peuple affamé. Naguère, dans ces quelques jours qui suivirent la fin tragique de Caligula (si l'on garde aux enfers quelque sentiment, combien son ombre dut gémir de laisser le peuple romain lui survivre)[606] il ne restait plus[607] qu'une semaine de subsistances ! Alors qu'il construit ses ponts de vaisseaux et que[608] des forces de l'Empire il se fait un hochet, voici le dernier des fléaux, même pour des assiégés, la famine à nos portes[609]. L'homicide famine et, comme suite naturelle, la subversion de tout l'État : c'est ce que faillit coûter l'imitation d'un roi barbare et fou, du déplorable orgueil d'un Xerxès. Dans quelle situation d'esprit durent être les magistrats chargés des approvisionnements publics ? Menacés du fer, des pierres, de la flamme et de Caligula[610], ils dissimulèrent sous le plus profond secret le mal affreux que Rome couvait dans ses entrailles. C'était sagesse à eux : car il est des affections qu'il faut traiter à l'insu du malade ; beaucoup sont morts d'avoir connu leur mal.

XIX.

Cherche donc un asile dans ces occupations que tu sais, plus tranquilles, plus sûres et plus hautes. Tes soins pour que le blé se verse dans les greniers de l'État sans être altéré par la fraude ou la négligence dans le transport ; pour que l'humidité ne le gâte ni ne l'échauffé, pour que la mesure et le poids s'y retrouvent, ces soins, dis-moi, valent-ils les études sublimes et sacrées qui te révéleront et la nature des dieux et leur félicité, et leur condition et leur forme ; où tu sauras quel sort attend ton âme, dégagée des liens du corps, au séjour de la paix ; quelle main retient au centre du monde les corps les plus pesants, suspend au-dessus les plus légers, promène le feu au sommet de la voûte étoilée et lance les astres dans leurs carrières ? J'omets tant d'autres phénomènes non moins riches en merveilles. Ne veux-tu pas, renonçant à la terre, t'élever en esprit jusque-là ? Ton sang est chaud encore, ta vigueur te reste, élance-toi vers un monde meilleur. Ce qui t'attend dans cette vie nouvelle, c'est l'inépuisable science du bien, l'amour et la pratique des vertus, l'oubli des passions, l'art de vivre et de mourir, un calme profond, absolu.

Misérable est la condition de tout homme futilement occupé, mais plus misérables sont ceux dont les occupations n'ont pas leur mobile en eux-mêmes ; ils dorment au sommeil d'un autre, ils marchent à son pas, ils mangent à son appétit[611]. Aimer ou haïr, la chose du monde la plus indépendante, est chez eux pure obéissance. Veulent-ils savoir combien leur vie est courte ? Qu'ils se demandent quelle fraction leur en appartient. Quand tu leur verras la prétexte[612] déférée à plusieurs reprises, un nom fameux dans le forum, n'en sois point jaloux. On paie tout cela de sa vie : pour qu'une seule année se compte par leur nom, ils usent toutes leurs années. Certains hommes, ardents à monter aux plus hauts grades de l'ambition, sentent dès les premières luttes la vie leur échapper ; d'autres qui ont percé, à travers mille indignes bassesses, jusques au faîte des dignités, sont saisis de l'affreuse pensée qu'ils travaillaient[613] pour une épitaphe ; tel vieillard décrépit, qui se bâtit, en jeune homme, des espérances toutes neuves sur un long avenir, au milieu de rudes et malencontreux efforts, succombe d'épuisement.

XX.

L'ignoble chose que ce praticien qui pour d'obscurs plaideurs, sous le faix de l'âge et en face d'un sot auditoire dont il mendie l'approbation, s'en vient rendre le dernier souffle ! Honte à qui, rassasié de jours plus tôt que d'affaires, tombe expirant au milieu de pareils offices ! Honte à qui, en pleine agonie, s'obstine à recevoir ses comptes, et fait rire l'héritier qu'il a tant fait languir ! Je ne puis ici passer sous silence une anecdote qui s'offre à ma pensée. Turannius, vieillard d'une activité sans égale, à quatre-vingt-dix ans passés, ayant reçu de Caligula, sans la demander, sa mise à la retraite des fonctions d'intendant, se fit étendre sur un lit, et voulut que toute sa maison l'entourât, le pleurât comme mort[614]. Et tous ses gens de pleurer leur vieux maître condamné au repos ; et il ne finit ces lamentations que lorsqu'on lui rendit tous ses tracas. Est-ce donc une si douce chose de mourir à la tâche ? Ainsi sommes-nous faits presque tous : la passion du travail survit au pouvoir de travailler ; on lutte contre son impuissance, et on n'estime la vieillesse fâcheuse que parce qu'elle éloigne des affaires. A cinquante ans la loi ne nous enrôle plus sous le drapeau ; à soixante, elle dispense de siéger au sénat[615] ; eh bien, les hommes obtiennent congé d'eux-mêmes plus difficilement que de la loi. Et tandis qu'ils entraînent et sont entraînés, qu'ils s'arrachent le repos les uns aux autres, artisans réciproques de leur infortune, leur vie passe sans fruit, sans plaisir, sans nul progrès moral ; pas un qui se place en présence de la mort, pas un qui ne pousse à l'infini ses prétentions. J'en vois, hélas ! qui réglementent pour le temps même où l'on n'est plus : masses gigantesques pour leurs tombeaux, monuments publics à inaugurer sous leur nom, et ce bûcher où combattront des gladiateurs, et tout l'orgueil de leurs obsèques.

En vérité, ces gens-là devraient être enterrés comme s'ils fussent morts enfants : c'est aux torches et aux bougies qu'on mènerait leur deuil[616].

FIN
DE LA BRIÈVETÉ DE LA VIE